BEI GRIN MACHT SICH IHR WISSEN BEZAHLT

- Wir veröffentlichen Ihre Hausarbeit,
  Bachelor- und Masterarbeit

- Ihr eigenes eBook und Buch -
  weltweit in allen wichtigen Shops

- Verdienen Sie an jedem Verkauf

Jetzt bei www.GRIN.com hochladen und kostenlos publizieren

Annika Bräuer

Diachronische Typologie

GRIN Verlag

Bibliografische Information der Deutschen Nationalbibliothek:

Die Deutsche Bibliothek verzeichnet diese Publikation in der Deutschen National-
bibliografie; detaillierte bibliografische Daten sind im Internet über http://dnb.d-
nb.de/ abrufbar.

Dieses Werk sowie alle darin enthaltenen einzelnen Beiträge und Abbildungen
sind urheberrechtlich geschützt. Jede Verwertung, die nicht ausdrücklich vom
Urheberrechtsschutz zugelassen ist, bedarf der vorherigen Zustimmung des Verla-
ges. Das gilt insbesondere für Vervielfältigungen, Bearbeitungen, Übersetzungen,
Mikroverfilmungen, Auswertungen durch Datenbanken und für die Einspeicherung
und Verarbeitung in elektronische Systeme. Alle Rechte, auch die des auszugsweisen
Nachdrucks, der fotomechanischen Wiedergabe (einschließlich Mikrokopie) sowie
der Auswertung durch Datenbanken oder ähnliche Einrichtungen, vorbehalten.

Impressum:

Copyright © 2009 GRIN Verlag, Open Publishing GmbH
Druck und Bindung: Books on Demand GmbH, Norderstedt Germany
ISBN: 978-3-640-77962-8

Dieses Buch bei GRIN:

http://www.grin.com/de/e-book/162791/diachronische-typologie

GRIN - Your knowledge has value

Der GRIN Verlag publiziert seit 1998 wissenschaftliche Arbeiten von Studenten, Hochschullehrern und anderen Akademikern als eBook und gedrucktes Buch. Die Verlagswebsite www.grin.com ist die ideale Plattform zur Veröffentlichung von Hausarbeiten, Abschlussarbeiten, wissenschaftlichen Aufsätzen, Dissertationen und Fachbüchern.

Besuchen Sie uns im Internet:

http://www.grin.com/

http://www.facebook.com/grincom

http://www.twitter.com/grin_com

1. Einleitung

Vor dem Beginn der eigentlichen Ausarbeitung sollen zunächst einige Begriffe anhand von Definitionen geklärt werden. Die Zentralsten sind zuerst einmal jene, welche schon im Seminartitel vorkommen. Zum Einen Sprachuniversalien, welche Eigenschaften, oder auch Hypothesen über solche Eigenschaften sind, welche alle menschlichen Sprachen gemeinsam haben, zum Anderen die Sprachtypologie, die eine „sprachwissenschaftliche Disziplin, die auf übergreifende Merkmale (Universalienforschung) und eine sich darauf gründende Klassifikation von natürlicher Sprache abzielt"[1] ist. Da das Thema des Referats die diachronische Typologie behandelt, sollen weiterhin Synchronie, Diachronie und Sprachwandel veranschaulicht werden. Die Synchronie („Gleichzeitigkeit") „bezieht sich auf einen zeitlich fixierten Zustand"[2], während Diachronie („Aufeinanderfolge") die „Veränderung eines Sprachzustandes in unterschiedlichen Zeitintervallen beobachtet"[3]. Geprägt wurden diese Begriffe von Ferdinand de Saussure, der als Erster dafür plädierte, Sprachwissenschaft in „zwei prinzipiell verschiedene Teile zu gliedern"[4]. Der Sprachwandel ist der Gegenstand der historischen Sprachwissenschaft. Er ist auf allen sprachlichen Ebenen möglich. Der Ausdruck *Sprachwandel* beschreibt eine „Vielfalt der ständig verlaufenden Prozesse der Umgestaltung des Verlusts und der Neubildung sprachlicher Elemente"[5]. Dieser Ausdruck ist jedoch nicht zu verwechseln mit den Bezeichnungen *Veränderung* oder *Entwicklung*. Erstere beschreibt die Tatsache, dass ein Gegenstand (also hier die Sprache) über einen Zeitraum nicht gleich bleibt. Die zweite Bezeichnung besagt, dass ein zielgerichteter Ablauf stattfindet. *Entwicklung* ist eine „teleologische Kategorie"[6], welche bestimmte Entwicklungsgesetze, Entwicklungsstufen und Sprachdifferenzierung impliziert[7]. Probleme der diachronischen Sprachbetrachtung können mangelnde Beweise für die frühen Entwicklungsstufen einer Sprache sein. Eine Frage die immer wieder aufkommt ist die nach der Ursache für Sprachwandel. Diese können sowohl sprachintern als auch -extern sein. Vor allem kommt hier die Vereinfachung des Sprachsystems bzw. seines Gebrauchs infrage. Diese Aussage soll später am Beispiel des Altenglischen belegt werden.

---

[1] Glück, Helmut [Hrsg.]: *Metzler Lexikon Sprache*. Stuttgart ³2005.
[2] Bußmann: 2002, S. 672
[3] Ebd., S.672
[4] Wollf:1999, S. 20
[5] Ebd. S. 28
[6] Ebd. S. 28
[7] Vgl. Ebd. S. 28

2. Diachronische Dimensionen in Universalien und Typologien

Es gibt vier mögliche Gründe für Ähnlichkeiten von Sprachen. Diese sind a) Zufall, b) genetische Verwandtschaft, c) areale Nachbarschaft und daher Entleihung bestimmter Merkmale und d) universale Merkmale. Dies ist wichtig, wenn man Beziehungen zwischen Sprachen untersuchen und feststellen möchte. Der erste Punkt ist jedoch eher unwahrscheinlich, da es genügend logische Gründe für Ähnlichkeiten einer Sprache gibt[8].

2.1 Areale Typologie

Die Areale Typologie besagt, dass verschiedene Sprachen, die in Kontakt geraten, oftmals Merkmale der anderen Sprachen entleihen. Es handelt sich meistens um *Lehnwörter* (engl.: loan words). Es gibt Sprachen, die mehr mit den Sprachen gemeinsam haben, mit denen diese areal in Kontakt stehen, als mit den Sprachen, mit denen sie genetisch verwandt sind. Das ist jedoch auch leicht verständlich, da diese Sprachen, die genetisch miteinander verwandt sind eine gemeinsame Ausgangssituation haben, jedoch durch den Sprachwandel und den Kontakt zu anderen Sprachen verändert sich die eigene Sprache über die Zeit. Deutlich wird dies an den Sprachen des Balkan Sprachbunds. Dieser Sprachbund umgibt fünf Sprachen, die geographisch zusammengehören, jedoch nicht genetisch verwandt sind. Diese Sprachen sind das Neugriechische, das Bulgarisch-Mazedonische, das Albanische und das Rumänische. Das Bulgarische und Mazedonische wird zusammengefasst, um auf Merkmale aufmerksam zu machen, die beide Sprachen haben. Die Sprachen sind alle indoeuropäische Sprachen, gehören jedoch unterschiedlichen Zweigen an. Diese Sprachen haben viele Gemeinsamkeiten, wozu auch eine große Anzahl von *Lehnwörtern* gehören, jedoch sollen hier die morphologischen und syntaktischen Merkmale aufgezeigt werden. Dargestellt werden Gemeinsamkeiten wie der Kasussynkretismus von Genitiv und Dativ, der nachgestellte bestimmte Artikel und der Verlust des Infinitivs in den Sprachen des Balkan Sprachbunds. Kasussynkretismus bedeutet, dass zwei oder mehrere Kasusformen zusammenfallen. Das kasusmarkierende Suffix ist bei den verschieden Kasus gleich[9]. Im Balkan Sprachbund tritt dieser Fall in der NP (Nominalphrase) auf. Das indirekte Objekt (Dativ) und der Besitzer (Genitiv) besitzen die gleiche Form. Beispiele hierfür sind aus dem Rumänischen das Wort für *Mädchen* ‚fată', bei dem der Genitiv und Dativ ‚fete' lautet. Im Albanischen ist ‚lum' der *Fluss* und der Genitiv und Dativ lautet in beiden Fällen ‚lumi'[10]. Das Bulgarische und

---

[8] Vlg. Comrie: 1989, S. 201
[9] Vgl. Glossar: Kasussynkretismus
[10] Vgl. Comrie: 1989, S. 206

Mazedonische besitzen kein Kasussystem, trotzdem wird die anstatt des Genitivs und Dativs eine Präposition benutzt, die in beiden Fällen gleich ist. Der Grund für diese Kasusentwicklung kann das Rumänische sein, denn es ist genetisch mit dem Lateinischen verbunden und da sind auch Genitiv und Dativ in einigen Fällen gleich[11].

Ein weiteres Merkmal der Sprachen des Balkan Sprachbunds ist der *nachgestellte, bestimmte Artikel*. Dieser ist außer im Neugriechischen in allen anderen Sprachen zu finden. Ein Beispiel hierfür findet sich im Bulgarischen. ‚Mann' heißt ‚məž' und , məž-ət' ist der Mann. Der bestimmte Artikel ‚ət' steht hinter dem Nomen Mann.

Das letzte genannte Merkmal ist der *Verlust des Infinitivs*. Dies soll an folgendem Satz belegt werden. *give me something to drink* heißt im Rumänischen *dă-mi să beau*, im Bulgarischen *daj mi da pija*, im Albanischen *a-më të pi*, im Neugriechischen *dós mu na pjó*. Die wortwörtliche Übersetzung lautet *give (to-)me that I-drink*. Es wird deutlich, dass der Infinitiv durch einen finiten Nebensatz ersetzt wird. Der Grund der Verwendung eines finiten Nebensatzes anstatt eines Infinitivs könnte eine Entleihung des Griechischen zu Zeiten des byzantinischen Balkans sein, da das Griechische damals eine *lingua franca* war[12].

Was jedoch gegen die Entleihung aus anderen Sprachen sprechen würde, wären die Beschränkungen, dass eine Sprache nur ‚nicht-Nomen' entleiht, wenn sie auch Nomen entleiht. Auch das Problem, dass eine Sprache ein Affix als segmentale Einheit und für bedeutungsbildende Prozesse, nur dann übernehmen wird, wenn bereits Formen lexikalischer Elemente, welche diese Affixe oder Prozesse enthalten, übernommen wurden, tritt auf[13].

2.2 Wortstellungstypologie

Es gibt die Annahme von zwei kanonischen Wortstellungstypen. Die erste ist die Adjunkt-Kopf (OV) Stellung, die zweite die Kopf-Adjunkt Stellung (VO). Diese Wortstellungstypen werden als die natürlichsten Wortstellungen beschrieben, welche Sprachen haben können. Dadurch wird ein großer Druck auf andere Sprachen ausgeübt, welcher alleine dafür sorgt, dass Sprachwandel stattfindet. Jedoch geht Greenberg davon aus, dass über die Hälfte aller Sprachen der Welt weder dem einen, noch dem anderen Typen angehören. Diese Kritik findet aber Berücksichtigung und wird damit erklärt, dass die Sprachen sich zwischen diesen beiden Typen hin bzw. her bewegen. Es wird als ‚drift' bezeichnet und kann mit Hilfe von diachronischer Untersuchungen belegt werden. Wenn man davon ausgeht, dass alle Sprachen einen solchen ‚drift' durchlaufen, muss man auch davon ausgehen, dass das Proto-

---

[11] Vgl. Ebd. S. 206
[12] Vgl. Ebd. S. 207
[13] Vgl. Ebd. S. 210

4

Indoeuropäische diese Veränderung mitmachte. Diese Sprach hat daher keinen speziellen Anspruch auf eine typologische Beständigkeit[14].

2.3 Morphemstellung

Um eine Rekonstruktion einer früheren Wortstellung zu ermöglichen werden drei Annahmen aufgestellt. Die erste Annahme besagt, dass sich aus diachronischer Sicht alle Affixe der Verbflektion aus Pronomen entwickeln. Die zweite Annahme ist, dass gebundene Morpheme immer von freien Wörtern abstammen. Die letzte Annahme besagt, dass sobald eine Sequenz von Wörtern zu einer Sequenz von Morphemen fusioniert, die Reihenfolge der Morpheme unveränderlich ist. Jedoch sind diese Annahmen nicht in jedem Fall gültig, es kann also auch Ausnahmen geben. Im Finnischen ist zum Beispiel, synchronisch gesehen, *-vat* das Suffix der dritten Person Plural. Etymologisch gesehen ist dies der Plural des Partizip Präsens und daher nicht in Beziehung zu irgendeinem Pronomen zu setzen. Auch für die zweite Annahme gibt es Gegenbeweise. Das estnische Wort für ‚Fuß' heißt *jalg,* der Partitiv (zusätzlicher Kasus) Singular *jalga*. Diachronisch gesehen ist das -a ein Teil des Stammes, ist aber im Nominativ Singular verloren gegangen. Auch für die letzte Annahme gibt es Grund zum Widerspruch. Im Ungarischen gibt es Beispiele für die Veränderung der Reihenfolge von Morphemen. Anstatt *bele-ne-m* ‚inside at my' wurde diese Form zu *bennem* ‚in me' fusioniert und dann ganz geändert zu *háza-m-on* ‚on my house'. Diese Beispiele sind jedoch eher eine Seltenheit und daher können die Annahmen trotzdem als *universale Tendenzen* ausgelegt werden[15].

3. Diachronischer Sprachwandel

Der diachronische Sprachwandel untersucht die Beziehungen, welche zwischen verschiedenen aufeinanderfolgenden Sprachsystemen bestehen. Das heißt, eine Sprache wird zuerst zu einem Punkt X und dann zu einem Punkt Y untersucht. Hier werden einzelne Elemente betrachtet, die sich über diesen Zeitraum verändert haben. Die diachronische Typologie sieht die Sprachtypen nicht als vollständige Systeme, sondern dynamische Systeme, also als sich wandelnde und entwickelnde Systeme[16]. Dieser Wandel soll am Beispiel des Altenglischen belegt werden, welche im Gegensatz zum Neuenglische, das eine fast isolierte Sprache ist, eine flektierte Sprache war.

---

[14] Vgl. Comrie: 1989, S. 212f
[15] Vgl. Comrie: 1989, 216f
[16] Vgl. Glossar: Diachronischer Sprachwandel

5

3.1 Historie

Die englische Sprache lässt sich zeitlich in drei Teile untergliedern. Zunächst gab es das Altenglische, welches ca. von 450 - 1100 n.Chr. andauerte. Das Mittelenglisch ging bis zum 16. Jhdt. Danach folgt das bis heute andauernde Neuenglisch bzw. moderne Englisch. Das Altenglische hatte noch ein ausgebildetes Kasussystem, welches zum Neuenglischen fast vollkommen verkümmerte. Einer der auffallendsten Unterschiede, welches das Altenglische besaß, ist das V2 Phänomen. Dieses bezeichnet die Satzkonstruktion, in der das finite Verb als zweite Konstituente in einem Satz steht. Diese Wortstellung ist in allen Germanischen Sprachen, einschließlich des Skandinavischen vorhanden. Nur das Englische weist lediglich residuales V2 in Hauptsätzen auf. Wieso veränderte sich das Altenglische so sehr? Dies soll im weiteren geklärt werden.

3.2 Verb-Zweit Beschränkung im Altenglischen und ihr Verlust im Neuenglischen

Hauptsätze:

Zunächst ist anzumerken, dass es im Altenglischen keine festgelegte Wortstellung gab, bzw. die Wortstellung zwischen SVO und SOV variierte. Eins war jedoch fast immer gleich. Das Verb war stets die zweite Konstituente im Satz und dabei war es gleich, ob die erste Konstituente ein Subjekt war, oder wie die restliche Struktur des Satzes verlief[17]:

> 1) King Alfred *will* at the battle of Ashdown the Vikings defeat.
> 2) King Alfred *will* at the battle of Ashdown defeat the Vikings.
> 3) The Vikings *will* King Alfred at the battle of Ashdown defeat.[18]

Diese Beispiele sind alle Deklarativsätze und jeder von ihnen war im Altenglischen gültig. Interessant ist, dass diese Wortstellung auch in Fragen und Negativsätzen gleich bleibt. Dieses Phänomen findet sich im Neuenglischen nicht mehr, und schon im Mittelenglischen verlor sich die Inversion in Deklarativsätzen[19].

Eine Beobachtung ist, dass im Altenglischen ein Unterschied in der Verbstellung in Haupt- und Nebensätzen besteht. Normalerweise, wenn die erste Konstituente ein Subjekt ist, folgt ihm auch das finite Verb[20]:

> We *habbað* hwæðere þa bysne on halgum bocum.
> We *have*, nevertheless, the examples in holy books.[21]

---

[17] Vgl. Fischer: 2000, S. 104
[18] Ebd. S. 104
[19] Vgl. Ebd. 105
[20] Vgl. Ebd. S. 105
[21] Ebd. S. 106

6

Wenn die erste Konstituente kein Subjekt ist, folgt dennoch ein Verb, es findet eine sogenannte Subjekt-Verb Inversion statt, vor allem, wenn die erste ein Frageelement oder das negative Adverbial *ne* ist.

Hwi wolde God swa lytles þinges him forwyrnan?
Why should God deny him such a small thing?[22]

Dank der Neuenglischen Übersetzung kann hier schon der Unterschied festgestellt werden. Die Inversion findet im Neuenglischen nicht statt in Fragen, im Altenglischen jedoch war die immer so. Diese zwei Beispiele können als allgemeingültig weitere Beispiele vertreten und so kann man nun zu der Aussage kommen, dass V2 im Altenglischen immer stattfand, egal, wie die restliche Wortstellung aussah[23].

Generell kann man sich merken, dass die am meisten vorkommenden Sätze im Altenglischen mit einem Subjekt beginnen. Verb bewegt sich zu IP, wo es Tempus und Konjugationsmerkmale erhält. Dann bewegt es sich weiter zur CP, wird der Kopf der CP und steht an zweiter Stelle hinter dem Subjekt, welches sich in der Spezifiziererposition befindet. Wenn an erster Stelle nun ein Pronomen steht, wird meist V3 eingeleitet.

Elc yfel he mæg don
each evil he can do[24]

Es kann also auch Verbbewegung stattfinden, vor allem, wenn Verben mit Partikeln kombiniert werden. In Hauptsätzen folgen Partikel dem finiten Verb wobei sie in Nebensätzen meistens dem hinteren vorausgehen.

þa astah se Hæland up on ane dune
then rose the Lord up on a mountain[25]

Nebensätze:

Nun wird ein Blick auf die Stellung des Verbs in Nebensätzen geworfen. Der Nominativ geht hier immer dem finiten Verb voraus. Einzige Ausnahme ist eine Passivkonstruktion.

þæt hi mihton swa bealdlice Godes geleafan bodian
that they could so boldly God's faith preach[26]

Man kann feststellen, dass es ohne Zweifel eine Verbbewegung in Nebensätzen gibt, aber diese ist eine beschränktere Form ist, als in Hauptsätzen.

In den heutigen germanischen Sprachen ist das V2 Phänomen auf Hauptsätze beschränkt.

---

[22] Ebd. S. 106
[23] Vgl. Ebd. S. 107
[24] http://www.ling.upenn.edu/~kroch/omev2-html/node4.html, 07.04.2010
[25] Fischer: 2000, S. 108
[26] Ebd. S. 109

Er *hat* ihn gestern gesehen
*..., dass gestern *hat* er ihn gesehen
*..., dass *hat* er ihn gestern gesehen[27]

Es ist im Deutschen nicht möglich, dass eine V2 Stellung stattfindet und dies lässt sich auch leicht erklären. *dass* ist ein Komplementierer. Dies ist ein grammatisches Element, welches einen Nebensatz einleitet und als Komplement zum Verb steht. Es belegt also die C Position, in welche das Verb sich eigentlich bewegen würde. Diese ist vom Komplementierer belegt und das Verb kann sich nur zu IP bewegen. Diese Sprachen nennt man asymmetrisch, also Sprachen, in denen Nebensätze durch Komplementierer eingeleitet werden.

Es gibt aber auch Sprachen, in denen es durchaus möglich ist, V2 Stellung in Nebensätzen zu haben. Es ist sogar obligatorisch. Beispiele wären die symmetrischen Sprachen. Das Verb befindet sich in diesen Sprachen sowohl in Haupt- als auch Nebensätzen im Inflection Knoten (I), der Spezifikator des Satzes ist das Subjekt oder ein anderes Satzelement (z.B. Adverbial, Objekt). Frisisch und Dänisch weisen das V2 Phänomen auch in Nebensätzen auf[28].

Vi ved at denne bog har Bo ikke læst
We know that this book has Bo not read[29]

Altenglisch ist den Erklärungen zur Folge eine asymmetrische Sprache, da in topikalisierten Sätzen eine Verbbewegung nach (I) stattfindet. Bei Fragen, negierungsinitialen Sätzen und 'þa'-Sätzen bewegt sich das Verb aus seiner VP in die C-Position. In den Nebensätzen bewegt sich das Verb oft nicht und bleibt in der VP, also in der Verb-letzt Stellung.

Negierung:

Im Altenglischen gibt es den *negative concord*, also die doppelte Verneinung. In dieser Konstruktion kommt ein negatives Indefinitpronomen simultan mit der Satzverneinung vor.

þæt he *na* siþþan geboren *ne* wurde
that he never afterward born not would-be[30]

Im Deutschen hingegen gibt es eine solche Konstruktion nicht.

*Ich kenne *keinen* Menschen in der Uni *nicht*

Es gab auch viele verschiedene Negationselemente, wie *ne, na, nanes, nan, nauht. Ne* stand dabei immer vor dem finiten Verb und eine oder sogar mehrere Konstituenten wurden negiert. Außerdem ist im Altenglischen die Satznegation (*sentential negation*) vorherrschend. Das

---

[27] Vgl. Ebd. S. 110
[28] Vgl. Fischer: 2000, S. 110ff
[29] Fischer: 2000, S.112
[30] S. 124

heißt, dass die einzig mögliche Interpretation negativ sein muss, egal wie viele Negationselemente in einem Satz vorkamen[31]. Das Altenglische *nauht* wurde zum Neuenglischen *not* und ist als einziges Negationselement im Englischen erhalten geblieben.

3.3 Neuenglisch/Verlust des V2

Der Verlust des V2 ist ca. auf 1400 datiert. Belegt werden kann dies an der abnehmenden Häufigkeit des Adverbs *þa*. Dieses löste am häufigsten V2 aus. In Chaucers Werken im 14. Jhdt. löste *þa* noch in 99% der Fälle V2 aus, im 15. Jhdt. war die Häufigkeit auf 10% gesunken. Gegen Ende des 14. Jhdt. besaß ein Teil der ME Sprechern eine Grammatik, in der das V2 noch obligatorisch war. Dies kann ein Grund sein, wieso, kurz vor dem endgültigen Verlusts des V2 nochmal ein Anstieg dessen zu verzeichnen ist. Es gab aber bereits Grammatiken, welche schon auf das Neuenglische zeigten und somit Einschränkungen des V2 aufwiesen. Im 15. Jhdt folgte dann eben der komplette Verlust des V2 im Englischen. Die einzelnen Merkmale, welche sich vom Altenglischen zum Neuenglischen verloren oder verändert haben sind folgende. Zwischen 1000 und 1200 wandelte sich die SOV bzw. die Mischwortstellung zu einer festen SVO Stellung. Zur gleichen Zeit ist auch der Verlust der Kasus zu verzeichnen. Um 1100 ist ein Objektklitika Verlust und kurze Zeit später auch der Schwund des Verbmorphs zu verzeichnen. Subjektklitika verschwanden ab 1300 und V2 Stellung ab 1400. Das Neuenglische ist keine V2 Sprache mehr. In Frage- und Negativsätzen findet Subjekt-Auxiliar Inversion statt. In diesen Fällen kann V2 vorkommen, aber trotzdem sind es keine Hauptverben, welche vertauscht werden, sondern nur Hilfs- bzw. Modalverben[32].

---

[31] Vgl. Fischer: 2000, S. 123
[32] Vgl. Fuss, S. 192

9

4. Bibliographie

- Bußmann, H. (2002). *Lexikon der Sprachwissenschaft. 3., aktualisierte und erw. Aufl.* Stuttgart: Kröner.

- Comrie, B. (1989). *Language Universals and Linguistic Typology. 2nd revised ed.* London: Blackwell, 201-226

- Fuss, E (1998): *Zur Diachronie von Verbzweit.* Magisterarbeit, Universität Frankfurt. Kapitel 4.

- Fischer, Olga et. al. (eds.) (2000): *The syntax of early Englisch.*

- Glossar: *Sprachuniversalien und Sprachtypologie.* WS 09/10

- Glück, Helmut (2005) *Metzler Lexikon Sprache.* Stuttgart.

- Wollf, G. (1999): *Deutsche Sprachgeschichte.* Tübingen: Francke, 20-21; 28-29

Internetquellen:

- http://www.ling.upenn.edu/~kroch/omev2-html/node4.html, 07.04.2010